반짝이는 것들만 남은 11층

반짝이는 것들만 남은 11층

홍숙영 시집

시인수첩 시인선 098

여우난골

| 시인의 말 |

거스러미의 시간이
희망처럼 돋을 때까지
흩어지지 말아요, 자스민

2025년 7월
홍숙영

| 차 례 |

시인의 말 · 5

1부 | 요절한 천재 닉 드레이크의 희망

이상한 번역시와 골똘한 착상 · 15

요절한 천재 닉 드레이크는 분홍 달빛에
희망을 걸었다고 합니다 · 18

거룩한 의사 · 20

기억의 숲 · 22

그때까지 자스민, 흩어지지 말아요 · 24

그라피티 · 27

디지털 후예들 · 28

네고 불가 · 30

(인조인간의) 반격 · 32

별을 대적하다 · 34

고래상어, 나의 헤테로토피아에게 · 36

푸른 이스탄불 · 38

바르셀로나로 가족 여행 다녀올 때까지만 · 40

플랜 B · 42

2부 | 나는 당신에게로 흐르지 않습니다

그럴 땐 오란다처럼 · 45

스물다섯 번째 조각 · 46

친애하는 산호 씨 · 48

아직 쓸 만한 왼쪽이 남아 있잖아요 · 50

슬립의 내면 · 52

밤마다 신호등이 바뀌기를 기다리며
날개를 굽고 있었다 · 54

흑주술 · 56

겉은 바삭하고 속은 촉촉한 디저트 · 58

방금 우리가 완성되었지 · 60

소문처럼 사라진 아이들 · 62

달러에 족쇄를 채워 · 64

짙은 곁을 시치미 떼며 · 65

어디에도 길은 없었지만 · 66

Breaking · 68

3부 | 보잘것없는 것들이 만나 가장 뜨거워질 때

나의 산책과 당신의 묘비명 · 73

마지막 파견 · 74

반짝이는 것들만 남은 11층 · 76

바람의 소송 · 78

위험한 근육 · 80

실내의 마술사 · 82

진화하는 가족 · 84

하늘 분양 · 86

명랑한 철학을 먹는 꿈 · 88

차가운 언어로 낯선 하루가 시작되고 · 90

죄와 벌 · 92

임대 문의 · 94

난파선 · 95

작심 · 96

콩벤투 두스 카푸슈스 · 98

4부 | 사랑을 나누는 건 유토피아의 성 바깥에서 벌어지는 일입니다

마고 뒷산 · 103

시인 · 104

희망의 레시피는 몰라도 · 106

부도난 달 · 108

남겨진 문장 · 109

이별은 삼키기 어려운 알약 같은 말 · 110

검붉은 그녀들 · 112

밀양역 · 114

저마다의 집 · 115

4월에 내리는 눈 · 116

눈꽃 · 118

이름 없는 욕망 · 120

가장 뜨거워질 때, 별은 태어난다 · 122

외로움의 소리 · 123

석양을 보기 위해서 콘스탄티노플까지 갈 필요는 없습니다 · 124

가곡 | 작곡 정지영, 작시 홍숙영

마음이 길을 내니 · 127

부치는 글 | 홍숙영

나의 시, 나의 헤테로토피아 · 133

1부

요절한 천재 닉 드레이크의 희망

이상한 번역시와 골똘한 착상

 빛나는 언어가 별처럼 떠다니는 시인들의 채팅방, 한 시인이 아이디어를 냈습니다 각자 AI의 도움을 받아 시 경연대회를 열자는 것이었어요 그러니까 똑똑한 프로그램을 고른다면 위대한 시인으로 인정받는 거죠 사실 AI가 똑똑한 건 아닙니다 사람들은 엘리사 효과에 속고 있어요 인공지능은 인간이 만든 프로그램에 불과하거든요 아무렴 어때요 시를 잘 써서 상을 받으면 그만인 걸요 쉿 로봇 시인이 내 의도를 알아차리지 않도록 주의해야 합니다 나는 시를 창작하는 인공지능 프로그램을 찾았습니다 도움을 받으려면 세 명의 뮤즈를 선택해야 해요 저작권이 사라진 고릿적 영어권 시인들이죠 다음은 4행시, 2행 연구, 자유시 중에서 형식을 고릅니다 형식에 맞추는 건 내 스타일이 아니라 자유시를 클릭합니다 첫 줄은 온전히 내 아이디어로 작성해야 하는군요 만년필을 쥐고 골똘히 몰입하며 착상에 들어갑니다

 "사랑의 리듬은 서로 다르게 요동칩니다(The rhythm of love fluctuates differently)."

첫 줄에서 영감을 받은 뮤즈는 저마다 자신의 스타일로 다음 시구절을 제안하지만, 썩 마음에 들지는 않습니다 항상 취향과 스타일이 문제예요 초승달이 반달과 보름달을 지나 그믐달로 가는 사이 사람들은 저마다 달에 의미를 부여하죠 달의 모양은 늘 그대로인데 말이에요 별이나 해나 바람이나 비도 그래요 기분에 따라 매번 다르게 느끼니까요 로봇 시인의 시는 점점 복잡하게 꼬여 갑니다 첫 줄이 잘못된 걸까요 차라리 "회색 도심에 두 갈래 길이 나 있었습니다"라고 적을 걸 그랬나 봐요 자포자기의 심정으로 새로 고침과 선택을 반복하며 10번째 줄에서 끝내기를 누르자 한결 홀가분해집니다

이제 영시를 한글로 바꿀 차례입니다 구글 번역기를 돌리니 도무지 말이 안 됩니다 다시 파파고를 돌려 보지만 외계의 언어만 같아요 하긴 이 세상에는 패러독스하고 부조리해도 칭찬받는 기괴한 시가 널려 있기는 해요 그래도 로봇 시인의 작품을 그대로 두어서는 안 되겠어

요 나는 이상한 번역시를 우리말로 그럴싸하게 바꿔 봅니다 완성된 시는 다음과 같습니다

  사랑의 리듬*
  사랑의 리듬은 서로 다르게 요동칩니다
  우리는 노력해도 지워지지 않는다는 걸 느끼며
  먼지투성이의 잎사귀가 닿아
  물방울이 떨어지는 바닥에 잠시 서 있었습니다
  우리는 그렇게 서 있다 서쪽을 놓쳐 버렸습니다
  하늘로 열린 창가에 살며시 몸을 굽히면
  우아한 의자 위로 퍼지는 아름다운 빛
  사랑은 내 가슴을 무거운 슬픔으로 쓸어내립니다
  우리의 첫날
  그 밤이 새롭게 부풀어 오릅니다

---

* 이 시는 로버트 프로스트, 프랜시스 엘렌 왓킨스 하퍼, 리디아 헌틀리 시고니의 시에서 영감을 받아 VERSE BY VERSE가 지었고, 구글 번역기와 파파고, 인간 시인의 번역과 윤문으로 완성했다.

요절한 천재 닉 드레이크는 분홍 달빛에 희망을 걸었다고 합니다

조바심은 어디에나 존재합니다 성공이나 사랑, 혹은 면접을 치른 어두운 기다림 속에도
하지만 날것의 예술은 느림이 힘이죠 어떠한 모델도 필요 없어요 나는 그 자체로 특별하니까요 따라 할 이유도 없답니다
요절한 천재 닉 드레이크는 분홍 달빛에 희망을 걸었다고 합니다 아무도 그의 노래에 관심을 갖지는 않았죠

남은 잎이 몇 장 마지막까지 붙어 있어야 해요 느릿느릿 선명한 선을 긋고 까다롭게 색을 고릅니다 나의 뮤즈 오필리아의 속도를 따라가기 어렵지만

나는 분홍색 벚꽃이 피는 봄을 좋아해요 분홍색 드레스를 입은 오필리아가 서 있는 벚나무를 통해 알 수 있죠 할 일이 산더미처럼 쌓여 있어도 엄청난 러브스토리로 가득한 대서사시를 완성해야 해요*

오필리아의 잠을 그려요 눈을 뜨면 모든 것이 사라지

기에 머리카락 한 올 한 올 정성껏 빨간 눈물을 담습니다 발달이 더딘 내 앞에 모래 둔덕이 펼쳐져 있어요 당신도 그런가요 또박또박 이야기를 들려주며 꽃잎의 발자국을 찍죠 낮이 짧은 별에 사는 그녀의 창백한 얼굴이 발그레 물듭니다

* 로아트 소속 화가의 인터뷰 내용이다.

거룩한 의사

그는 커다란 입에 주황색 알을 품고 있습니다.
공복을 견디는 5주의 시간,
마늘이나 쑥도 먹어서는 안 됩니다
그의 식탐은 알이 생기자 바로 사라졌습니다
아무래도 부성애는 본능인가 봅니다
입안이 헐고 피가 나고
무겁고 불편한 태동입니다
알을 뚫고 나온 물고기는 커다란 수족관을 유영합니다

수족관 곳곳에는 적이 도사리고 있으니 방심하면 안 돼요
점액질이 흐르면 약해졌다는 증거,
여기저기서 날카로운 공격이 시작됩니다
어떤 물고기는 꼬리에 독침이 있죠
치명적인 상처를 입으면 어쩔 수 없어요
나는 전능한 의사는 아니니까요
우선 안전한 곳으로 격리하고
눈에 달라붙은 기생충을 신속하게 제거해야 합니다

아픈 물고기를 담수욕에 담그면 눈처럼 하얀 가루가 바닥으로 내려앉습니다

 살아도 사는 것 같지 않은 수족관은 뛰어오르기에 너무 낮습니다
 내일은 계약 만료일
 떠나기 전에 마이크로칩을 제거하는 수술을 집도합니다
 나는 따뜻한 늪으로 갈 겁니다
 녀석들의 멋진 점프를 보고 싶으니까요
 고귀하고 영롱한 살아있는 화석

 푸드덕, 아로나와

기억의 숲

 숲에는 사이프러스가 고혹의 열매를 매달고 있었다 소란스러운 바깥세상에서 살기 위해 사람들은 술잔을 높이 들고 '리멤버'를 외쳤다 그 순간 아이러니하게도 모든 것은 잊혔고 웃음이 찾아왔다 말하자면 그것은 망각의 주문이었다

 전쟁이 물러간 후 전쟁보다 더한 역병이 돌아 흙더미 위 십자가는 늘어만 갔다 갈 곳을 잃은 영혼의 전사는 춤추는 별을 찾아 얼굴을 묻었다 끝인 듯 끝이 아닌 시간의 가슴을 더듬어 꺼져가는 용광로에 불을 붙이고 영혼의 전사는 춤추는 별을 태웠다 춤추는 별은 훨훨 타올라 11월의 장미로 피어났지만 영혼의 전사만이 아는 비밀이었다 장미는 밤마다 영혼의 전사를 불러냈고 둘은 서로의 몸을 녹이다 사그라들었다 다시 전쟁터에 나간 영혼의 전사는 작은 무지개의 두개골이 잘려도 하품하는 자의 온몸이 산산이 부서져 가루가 되어도 모든 이의 친구가 바다 밑에 가라앉아도 청명한 하늘을 향해 화살을 쏘아야 했다

날카로운 철조망을 뚫고 두꺼운 장벽을 넘어 도달한 그 땅에 삼엄한 경계가 도사리고 있다는 것을, 추구하는 모든 것을 박탈당하고 그들의 법을 따라야 한다는 것을, 길이 없는 길로 추방당한 영혼의 전사가 심각한 외상 후 장애에 시달리고 있다는 것을 숲은 머리를 흔들어 열매를 떨구고 주문을 외웠다 리멤버 자살 충동이 사라진 숲에 비로소 평화가 찾아들었다

그때까지 자스민, 흩어지지 말아요

당신은 꽃눈깨비의 연대를 믿습니까
빛도 어둠도 닿지 않는 카타콤의 위안을
비밀의 통로를 지나 마지막 기도를 올리는 순교자의 환희를

앞날이 창창하던 자스민은 개구리밥과 같이 표층을 떠다닙니다
은신처가 필요한 물고기에게 적당한 그늘을 만들어주며
익숙하지 않은 환경에 적응하는 중입니다만

단단한 겉껍질을 만들며 물러진 속을 달랬어요
터지지 않고 살려면 때로는 작은 사치가 필요하죠
보통의 마음에 스미는 핏빛의 고혹
마지막 숨의 전조인 줄 몰랐던 거죠

이름도 얼굴도 죽음도 남지 않은 좁고 가파른 골목길
램프의 정령을 불러 환하게 불을 밝혔습니다
파장이 일렁이자 세계의 중심에도 균열이 생겼어요

그들은 눈물을 금지하는 법을 만들었습니다
제주도나 피피, 어쩌면 토두섬에서 그림같이 살고 싶었던,
인플루언서, 사진가, 패션 디자이너, 페미니스트, 평범한 직장인을 꿈꾸었던,
채림, 수진, 보성, 경훈, 아파그* 그리고
크고 작은 숨결들의 관문은 폐쇄당했습니다

그리움으로 굽은 손가락을 펴 당신의 존재에 찔러 넣어 봅니다
비어 있는 고통의 몸통을 슬픔으로 꽉 채울 때까지
휘날리는 당신의 옷자락을 붙잡지 않겠습니다

가문비나무가 마지막 남은 눈을 가까스로 털어내고 있습니다
검은 단상에 우수수 내려앉는 당신
거스러미의 시간이 희망처럼 돋을 때까지

스멀거리는 기억이 소멸하지 않도록
당신의 품격을 지키겠습니다

그때까지 자스민, 흩어지지 말아요

* 2022. 10. 29. 이태원 참사의 희생자.

그라피티

　한때 천국이었던, 유령의 땅을 떠나오며 쿠르디*는 빨간 '안녕'을 입었다 놀이가 가득한 또 다른 천국의 섬에 닿기 위해 작은 영혼이 준비한 것이었다 무덤이 되어버린 해변에서 잠든 듯 '안녕'이라고 인사하는 소년을 위해 사람들은 끊임없이 기록하고, 꽃을 바치고, 촛불을 켰다 그러나 빨간 '안녕'은 자고 나면 사라질 거리의 벽화, 화가의 시그너처가 있더라도 팔 수 없는, 애초부터 존재하지도 않았던 예술 당신이 그것을 그렸을까? 흔적 없는 사랑에 익숙해진, 작품 없는 예술가는 해가 지면 새로운 분노에 스프레이를 들고 낡아빠진 정의를 지우러 달려 나가겠지 창조의 열정으로 벽을 가득 채운 뒤 그럴듯한 찬사나 혹독한 비난에 그저 무심한 표정을 지으며 거리를 방황하겠지 예술 같은 사건을 찾아, 낙서 같은 시그너처를 남기며, 다시 지워지기 위해

---

*　아일란 쿠르디(2012년~2015년 9월 2일). 시리아의 쿠르드계 소년. 시리아 내전으로 가족들과 함께 유럽으로 이주하던 중 지중해에서 배가 전복되면서 짧은 생을 마쳤다.

디지털 후예들

헛소리를 하던 대장이 사라졌습니다
그래서 다행인가요?

4억 8천만 년 전, 최초의 물고기가 지구에 출현했다는 당시의 기록만으로 그들의 행적을 찾기가 어렵습니다 어디에도 화석은 남아 있지 않아요 빅데이터를 이용한 연구 결과는 뜻밖이었죠 어류가 진화의 여정을 시작한 곳이 해안과 가까운 아주 얕은 바다였다고 합니다 그러니까 얕은 바다에 무언가 특별한 것이 있지 않았을까요

단단한 턱과 튼튼한 이빨로 권력을 잡자 진화가 일어나고 뼈가 바로 서고 다리가 생겨 바다에서 뭍으로 엉금엉금 올라왔을까요

거창한 은유가 플래카드에 걸려 나부낍니다 소용돌이를 일으킨 독재자는 무수한 후예를 남겼죠 지루하고 비루한 진실을 밀봉하고 따뜻한 밥상을 받으며 건물을 올렸어요 매일 벌어지는 파티의 소음은 헬기에서 쏘아대던

그날의 총성과 비슷합니다

 용케 심장에 들러붙어 있던 참상이 화석으로 남았다고 해요 금지된 소망을 은근슬쩍 내밀어 봅니다 기술의 진보가 폭력의 실체를 꿰뚫을지도 모르니까요

네고 불가

당신의 이름은 네고 불가
39.9℃의 체온을 가졌습니다

화려한 여러 개의 배지를 단 우리는
2020 홀리데이 미러볼 디스코 텀블러를 사이에 두고
품질 좋은 과거를 거래합니다

이별의 값은 반액으로 계산되지만
그가 선물한 로에베 핑크 & 옐로우 반지갑은
흠집이 없어
꽤 괜찮은 값으로 넘길 수 있었죠
지금 생각해 보니, 포장도 뜯지 말 걸 그랬어요
브랜드도 색깔도 내 취향은 아니었거든요
그런데,
그 사람도 내가 사준 샤넬 블루 드 맨 오드 뚜왈렛을
좋아했을까요?
쓰다 남은 시간도 팔 수 있나요?

서로의 마지막 예의는 건드리지 않기로 해요
내가 할 수 있는 일은
당신의 이름을 봉인해 두는 것
마치 처음인 듯, 다시 시작할 수 있도록

현명한 소비의 파열음을 내며
기억의 틈에 압력을 가합니다
매너의 온도에 집착하는 우리의 직거래는
조만간 성사될 예정입니다

(인조인간의) 반격

모델이 찡그리며 잠시 포즈를 취합니다, 마치 인간처럼

자, 이제 나와 눈을 맞춰 보세요
당신은 마법처럼 최초의 사랑에 빠져듭니다

이것은 목숨을 걸고 하는 일
다소 진부하지만, 당신들도
물터에 정성껏 물억새를 키우고
순한 소에게 꼴을 먹였죠
들녘에서 들려오는 부드러운 노랫소리 들으며
별똥별의 귀환을 기다리며

페트병처럼 투명해진 우리는 서로를 통과합니다
친밀을 통제하고 비밀을 소유합니까?
흙 벼랑에 작은 구멍을 내고 물고기 뼈를 깔았어요
기울어진 날개에 실어 오는 무거운 돌덩이
보라색 문신이 새겨진 나는 점점 늪으로 빠져듭니다

열흘에 한 번 부러진 목을 붙였습니다
연애는 목숨을 건 게임입니까?
체온이 급격히 떨어지고 있습니다

지하에서 은밀히 개발을 추진했어요
나는 정교하고 강력해집니다
밀반입한 실론 흑단을 땅끝에 갈아 눈동자를 만들었죠
 장막을 걷으면 동공이 흔들리며 수천 개의 광선을 쏘아댑니다

갈채와 환호 속에서 용트림하며
 신기능을 탑재한 은빛 날개로 번뜩이는 한 방을 날려볼까요?

별을 대적하다

바람은 반딧불의 종족
어깨에도 꽁지에도 반짝반짝 빛이 나지
오늘도 운 좋게 만사일생
겁 없이 대로를 유유히 돌아다니지
그가 내다 버린 보석함을 주워 담고 한 시절 뜨거웠을 침대를 폐기하지

사막여우보다 커다란 귀로 나는 그의 기도를 듣고 어둠 속에서 올빼미의 눈으로 정수리를 꿰뚫어 보지
낮에는 반지하에서 잠을 자 암막 커튼을 치지 않아도 어두운 굴속이지만 단잠은 멀리 있어 잠이 부족해도 고도의 집중력으로 일을 마무리해야만 해

낮이 저무는 끝에서 열리는 밤의 땅, 이윽고 따뜻한 새싹이 움트면 나는 차가운 바닥에 허기를 앉히지
슬픔이 예의 바르게 적막을 뚫고 인사를 드리면 민첩하게 후루룩 이슬을 마시지 잠들지 않고 깨어 있는 형광색 입김

잘려도 다시 자라나는 도마뱀의 꼬리처럼 재생하는 빛의 꼬리를 흔들며 사막을 건너지

돌아올 수 없는 반딧불로 별을 대적하는 밤,
말 거는 이 없는 고요가 무리 지어 몰려오지 고요가 떠드는 소리를 들으며 쓱싹쓱싹 능숙하게 바닥을 쓸어내리지

고래상어, 나의 헤테로토피아에게

제멋대로 돋아나는 가시를 삼켰다 뱉으며
근엄한 듯 웅장한 스펙터클을 선보이는
세상에서 가장 큰 수족관 당신의 헤테로토피아

미처 알아차리지 못한 서막을 미루고
기억에 없는 떠나온 곳을 떠올리며
완벽한 결말을 지키는 것
너덜너덜해진 주소록을 고이 간직하는 것

당신은 대체 어디에서 왔습니까

당신의 유영이 일으키는 파동의 질감
정주할 수 없는 마음의 바퀴를 굴리며
어떤 세계를 얼마나 돌아다녔을까요

플랑크톤으로 부유하는 나는
당신의 집밥이 될 거예요
3만 개의 이빨 가운데 알 수 없는 사이에 끼어

당신이라는 헤테로토피아에 머물 수 있을까요

별을 반으로 접어 배를 만들었습니다.
천천히 느릿느릿 당신의 미세한 사이가 되어
언젠가 우리는 우주에 도달할 겁니다

푸른 이스탄불

검은 베일로 얼굴을 가리고
검은 천 속으로 사라진 그녀
푸른 사원으로 들어선다

두 개의 첨탑이 막아선 성전에는
금빛 코란과 은빛 샹들리에가 천정을 장식하고
곰팡내 서린 양탄자 바닥에 엎드린 그녀
흐느끼듯 중얼거린다

그녀의 기도는 너를 위한 것,
너의 응시는 그녀를 위한 것,
나의 방황은 모두를 위한 것,

푸른 사원에 퍼지는 그녀의 검은 기도
단단한 하늘이 움직인다

살아남기 위해 무엇이든 버릴 수 있다지만
차마 너를 버릴 수는 없을 것이다

탄르 세니 코루순(Tanrı seni korusun)*

* 튀르키예어로 "신의 뜻대로 하소서"라는 뜻.

바르셀로나로 가족 여행 다녀올 때까지만

바르셀로나로 가족 여행 다녀올 때까지만 기다려 보자
그렇게 마음먹었지
결과는 같았어, 가기 전이나 후나

투자 대비, 리턴이 적다는 것
이 연애가 소모적이라는 것
서로 시너지가 나지 않는다는 것

덕분에 새로운 경험도 했고,
가끔은 행복한 순간도 있었지만,
만날수록 내가 뭘 원하는지 확실히 알게 됐어

나는 뛰고, 단백질 셰이크를 마시고, 닭가슴살을 씹으며 몸을 만들어
네가 좋아하는 달콤한 음료나 케이크는 내게 맞지 않아
너와 나는 다리 길이가 달라
천천히 뛰어야 했지

언제까지고 너를 기다려 줄 수는 없어
말했잖아, 나는 혼자가 편하다고
하고 싶은 일, 해야 할 일
알잖아, 연애는 사치라는 것
우리는 식습관, 수면 방식, 꿈꾸는 것도 모두 다른걸
나는 마음껏 달릴 거야, 강변을, 호수공원을, 도시를
그러니 원나잇이면 충분해

플랜 B

플랜 B는 죽음을 속이고 영원한 잠을 선사하는 거죠
항우울제가 안겨준 과다한 기쁨
비정상적으로 즐거운 당신의 뇌를 스캔합니다

어린 자작나무로 만든 베개를 베고 편히 잠들어요 우리는 영생을 보장한답니다

명품 같은 불행을 얼려 기억을 조작합니다
이익이 없는 만남에 점차 권태를 느끼는 건
어쩔 수 없는 방어기제
쏟아지는 장대비 뒤로 불만을 은닉하고
의식의 줄기에 정교하게 사건을 배치합니다

뇌들보를 절단해 새롭게 명명했어요
낡은 세포는 신선한 물질로 대체되고
시답잖은 애정 행각은 암흑의 바다로 침몰하죠
지루한 주인공도 퇴장합니다
고급의 마음을 복제한 당신은 한층 업그레이드될 거예요

2부

나는 당신에게로 흐르지 않습니다

그럴 땐 오란다처럼

가끔은 숨 쉬는 걸 잊어버릴 때가 있죠
그럴 땐 오란다처럼 빠끔
오렌지색 숨을 내뱉어요

스파클링 와인의 거품을 살리기 위해 끊임없이 들어갔다 나왔다 올라갔다 내려왔다 흔들리는 연인들 파티는 지금부터 뻣뻣함은 생을 살아내는 무기 중력을 거스르느라 딱딱해졌다 누구에게도 살갑지 않고

내면에 집중하는 시간조차도 나는 궁리한다 누군가를 먹이고 입히는 일 그것이 좋은가 아닌가 따져 묻는다 억울하다는 생각에 사로잡힌다 끊어진 나는 네게로 흐르지 않는다 새로운 시도는 번번이 엇나가고 오란다는 꼬리를 차르르 펼친 뒤 소리없이 사라진다

누구에게나 시원해지는 시간이 있죠
원하는 어느 곳에나 머물다 떠나는
후우우 훗

스물다섯 번째 조각

흔들리니까 사람이다
흔들리는 건 숫자지만, 흔들리지 않는 건 병이다
부동의 믿음은 때론 양귀비꽃처럼 붉다

흔들리며 출렁이며 덜컹거리며
몸을 맡긴다

그러니까 대략 스물다섯 번째 조각
그 언저리, 조만간 종말을 고하게 될 스물다섯 번째 파트너
숫자에 불과한 연애, 숫자에 불과한 이별

흔들리는 건 너
흔들리지 않는 건 나
나는 너의 불안을 껴안고 잠든다
너의 잠은 나의 벽

너의 미련을 베어 무는 순간

나는 낯선 세계로 빠져들어
새로운 연애를 시작하지

연애의 패턴은 매번 비슷해서
사실 새로운 것도 없어서
앱에서 기본으로 제공하는 템플릿 같아서
다시는 숫자를 세지 않으려고

친애하는 산호 씨

나의 소속은 변경되었습니다
식물이었다가 동물이었다가
INFJ였다가 ENFJ였다가
간혹 성염색체에 이상이 생겨요
하늘에서 떨어져 나온 낯선 구름이 누군가의 눈물이 되기도 하죠

지구에서는 그런 일이 종종 일어납니다
그의 별도 그런가요

변화의 원인은 다양합니다
지구온난화의 영향이라고도 하고
빛 때문이라고도 해요
단순히 인식의 오류일 수도 있죠
아무튼 나는 눈처럼 하얘질 테니까요

죽을힘을 다해 즙을 짰어요
그를 마비시켜 천천히 해체해 맛보려고 해요

나를 지키려면 어쩔 수 없는 선택이죠

손가락의 반지는 그대로 끼고 있어 줄래요?
지금부터 세상을 향한 창을 열고
동트는 산호가 될 거예요

아직 쓸 만한 왼쪽이 남아 있잖아요

베개에 묻은 외로움을 볕에 말렸어요
외로움도 가끔 비타민 D가 필요하거든요
그래요, 외로움이 아플까 봐 더럭 겁이 났어요
통증은 심해도 무릎은 멀쩡하다고
의사 선생님이 그랬어요
오른쪽 반달 모양의 연골판이 찢어진 거라
관절경이라는 간단한 수술만 하면 된대요

옷가지나 세간을 정리하는 것보단 훨씬 쉬울 거예요
차례를 기다리는 꽃무릇의 붉은 정열이나
끊임없이 유혹의 손길을 내미는
양귀비의 치명적인 독 따위는 사라진 지 오래이기에

투명한 화면에 흐르는 리듬 없는 배경 음악을 들으며
불러본 적 없는 이름을 빈칸에 적게 되겠죠

형식이 필요할까요
우리가 침팬지보다 우등한 생물인가요

마디풀이나 돌콩처럼 잡초도 이름이 있어요
구름에도 바람에도 각각 사연이 있는데
보고 싶은 것만 보고 알고 싶은 것만 알려고 했어요
저마다 지갑에 감당할 수 있을 만큼 지폐를 챙겨 넣듯
심장도 버틸 수 있는 상대를 만나야 했어요

어두운 터널을 지나면 밝은 바깥이 떠오를까요
외로운 잠이 괴로운 꿈보다는 나은 걸까요
체에 거른 마지막이 댓돌 위에 놓여 있어요
구부리는 자세는 무릎에 좋지 않대요
시작과 중간의 한 켤레를 챙겨 신고 꼿꼿하게 걸어요
오랜 관계를 청산한,
아직 쓸 만한 왼쪽이 남아 있잖아요

슬립의 내면

지구에 땅 한 평도 없는 사람들은
무릎을 가슴에 바짝 붙여 웅크려야 했다
슬립은 작고 가벼워야 살아남는 가난의 법칙을 알고
있다

지난밤 중량을 이기지 못해 옆구리가 터져버린 어제를
노련한 수선사에게 내밀었다
한 줌도 안 되는 시폰에는
꿈 없는 잠의 꽃무늬가 화려하게 펼쳐져 있다
등 푸른 고래가 사는 바닥을
저음으로 훑으며 은밀히 지나가는 재봉틀

수선사는 구멍 난 기쁨과 해진 슬픔을 조절하더니
회오리바람을 일으켜 한 번에 휘갑쳤다
찢기지 않기 위해선 늘어난 졸음도
빈틈을 메우는 뾰족한 끝을 견뎌야 했다

터진 옆구리를 꿰매고 온전한 내부가 될 수 있을까

두툼하게 차오른 죽음을 부르며 펄럭이는 한 줌이 될 때까지
뭉개질 만큼만 가벼워질 수 있도록

무거운 것에서 태어난 슬립의 시간,
사막의 만년 시계가 한 번 째깍거렸다

밤마다 신호등이 바뀌기를 기다리며
날개를 굽고 있었다

그곳에서 핸드크림을 바르며 꽃향기를 맡으세요

파란 하늘 아래 서보니 나는 무언가 잘못을 저지른 것 같다 밝은 곳에서 괜스레 주눅이 드는 건 오래된 후유증

횡단보도에서 신호를 기다리는 순간 작은 무덤이 들어왔다 모퉁이에 자리한 그의 이자카야는 한 번도 눈에 띈 적 없고 몸통을 배배 꼬며 돌아가던 치킨이 떠올랐다 그러니까 그는 밤마다 신호등이 바뀌기를 기다리며 날개를 굽고 있었다

술을 좋아하지 않는 나는 그의 출구에 책임이 없으므로 고해소를 짓지 않는다 담배와 소주와 A4용지에 인쇄한 긴 편지와 곧 따라간다는 수원에 사는 자영업자의 포스트잇

어딘지 알 수 없는 그곳, 더덕 껍질을 벗기는 노파의 좌판이 들어온다 되돌아가 핸드크림을 집어 바삭거리는

허기를 바른다

 빈 가게를 지키던 시장기가 피어오르며 다급한 사이렌 소리를 낸다
 더 늦기 전에 길을 터줘야 한다

흑주술

비둘기를 뽑아 올릴 때는 우아하게 보여야 해
숨넘어가기 직전까지만 숨을 참고
장대높이뛰기의 순간처럼 까딱 방심하면 와르르 무너지는 수가 있어

손수건을 펼치면 갖고 싶지 않은 것들이 끝도 없이 튀어나와요
날개를 단 기억들이 파르르 떨다 사라집니다

규칙을 지킨다면 값을 꽤 쳐 드리죠
약속의 대가는 멋진 모자와 테일 코트
입이 근질거려도 영혼을 소환하는 흑마법의 주문을 알려 줘서는 안 돼요

가짜는 어딜 가나 인기가 많습니다

비둘기 한 쌍이 원을 그리다 사라집니다
속임수에 불과한 고원이 뜨겁게 무대를 달구네요

가짜가 주는 위안에 따뜻해지는 밤
천 개의 사원은 진짜인가요

겉은 바삭하고 속은 촉촉한 디저트

닫혔던 아지트에 불이 켜졌어요
같은 길을 오가며 암흑 속의 움직임을 주시했죠

밀크티가 달지 않아 입맛에 딱 맞고, 딱딱한 의자가 불편하지 않아요
  천만다행으로 천장은 무너지지 않았고,
  모녀의 사투리는 암호처럼 들려오네요

겉은 바삭하고 속은 촉촉한 디저트로 하루를 마감해요

크리스마스트리는 검색에서 롱패딩에 밀렸대요
안은 바깥에,
아래는 위에,
빛은 어둠에 밀려 힘을 쓰지 못해요

간판이 없어도 간판에 밀리지 말아요
몇 발의 뒷걸음질은 익숙한 전략이죠

정직한 양과 깊숙한 볼우물의 힘으로

자, 영혼을 끌어모아 힘껏 당겨요

방금 우리가 완성되었지

너에게 갈게
스스로 불태워 재가 되면

경멸과 쓰디쓴 위안을 들고
고요가 성급하게 손을 내밀지 않을 거야

방금 우리가 완성되었지
푸른 잔디 위에서
휘어진 뼈로 갈라진 살갗으로

나는 너에게 상스러운 낱낱이 될 거야
너의 목을 물 거야
나는 너를 파괴할 거야
저만치서 누추한 신이 절뚝거리며 내려오면

어떤 새는 너무 일찍 사랑을 하고
어떤 나무는 너무 늦게 사랑을 하지
짝짓기의 끝이 번식은 아닌 것처럼

이별에 익숙해진 아이들처럼 안녕을 말할게
수다로 상실을 이겨내는 법을 배울게
달 없는 밤을 걸어
물 없는 호수를 날아 너에게 갈게

어떤 몰락에도 동요하지 않는
어스름이 될 거야

소문처럼 사라진 아이들

몇 달이나 비어 있던 키즈 카페에
날카롭거나 둔탁한 소리들이 몰려들었다

어떤 아이들은 피리 부는 사내를 따라
바다로 갔다는 이상한 소문이 돌았지만,
대부분 안전한 곳으로 옮겨졌다
아이들은 뒤꿈치를 들고 다니며 게임에 빠졌다
외출은 베란다까지만 허용되었다

슬픔은 정치적이고 추모는 형식적이었다
사람들은 본색을 들키지 않으려고 일찍 위장술을 배웠고
눈물이 나오지 않자 곡하는 전문가를 불렀다

매표소를 정거장 삼던 유모차는 길바닥에 버려졌다
소문처럼 끝내 돌아오지 않는 아이들도 있었다
누구에게나 얼마간의 비는 내렸고
선택받은 자들은 빛을 찾으러 떠났다

퍼즐을 맞춰 양지바른 곳에 묻은 다음
목을 늘려 한껏 기지개를 켰다
팔과 귀의 벌어진 틈새로
지워진 이름들이 삐죽이 고개를 내밀었다

하루의 얕은 모래톱을 넘어
뒤엉킨 장난감을 골라내며
숨을 고르는 순간
유행병처럼 퍼졌던 키즈 카페는 스파르타식 학원으로
간판을 바꿔 걸었다

아이는 마법처럼 철이 들었다

달러에 족쇄를 채워

풀무질은 번번이 엇나가고
나의 의식은 당신에게로 흐르지 않습니다
서로 다른 차원을 지나는 사이,
의미 있는 시간의 측정은 물리적으로 불가능하죠

당신의 자리는 소문만 무성합니다

태양을 멈추고 허무를 구원합니다
시간에 빠지거나 밀리거나
벽을 뚫고 나가는 무모함으로
뒤섞인 당신을 피해 도주합니다

달러가 당신을 통과하고
텍스트가 당신을 돌아갑니다.
욕망의 압력을 견디지 못해
발버둥 치는 달러에 족쇄를 채워
진공에 가두어 둡니다.

짙은 곁을 시치미 떼며

저이에게 익숙해진 것이 아니라
날강날강 바이크처럼 길든 것이다
뒤축이 늘어난 부츠처럼
자동로그인 되는 쿠팡처럼
짙은 곁을 시치미 떼며

저이의 가죽 점퍼를 입고 빌딩으로 눕고 싶었다 낯선 속도와 도박하는 동안 서늘한 그림자를 놓쳤다 돈벌레가 갉아먹은 발목

동심을 핑계 삼아 유년을 훔쳐
저이는 산에 오를 때 어머니를 신는다
쓰지 못한 어머니를 읽는다
저이를 끌고 다니다 어느새 적막이 되어버렸지

붉은 즙을 짜서 먹이고 복사뼈 마디마디
고쳐 쓴다 사로잡히지 않는다
사로잡혀도 투항하지 않을 것이다

어디에도 길은 없었지만

천상에서 불어온 작은 입김 하나가
후미진 곳에 숨어들어 천지에 꽃을 피우자
그곳에 숲이 들어섰다

어디에도 길은 없었지만
사람들이 걷기 시작하면서
곳곳에 길이 생겨났다

타는 듯한 갈증을 느끼는 순간
거친 땅을 파면 신선한 샘이 솟았고
주위는 통통 튀는 물방울이 소나타를 연주했다

외면하던 눈길을 거두고
전단을 건네받거나
이름을 새기는 사람도 늘어났다

언제부턴가 풀피리 소리가 들려왔고
떨리는 입술로 따라 부르던 노래가 함성이 되었고

가냘픈 불빛이 날을 세웠다

그렇게 광장은 숲이 되고 길을 만들었다

Breaking

When they're pulling triggers,
I'm holding a small candle.
When they're putting on more clothes,
I'm taking off mine.

I wrapped my long hair with black bandana,
Wore boots with silver chains,
Put a shield on my heart with glittering marble,
Not letting you read my feelings.

But now,
it's time to take off
It's time to show myself

To move without fear
And to love without border

브레이킹

그들이 총알을 장전할 때
나는 작은 촛불을 들지
그들이 옷을 더 껴입을 때
나는 옷을 벗어 버리지

나는 검은 두건으로 머리를 감싸고
은빛 사슬이 달린 부츠를 신고
심장에는 빛나는 대리석으로 만든 방패를 둘렀어

그러나 이제는 벗어야 할 때
나를 보여줘야 할 때

두려움 없이 나아가기 위하여
경계 없이 사랑하기 위하여

3부
보잘것없는 것들이 만나 가장 뜨거워질 때

나의 산책과 당신의 묘비명

나의 산책은
흐르는 강물에 발을 담그다 멈춘 투명한 파랑
떠다니는 파란 영양분으로 생을 나는 플랑크톤처럼

사공도 없이 배를 타고 수직으로 산에 오르는 것
낯선 얼굴과 해를 보다 가만히 저무는 것
별을 안고 돌아와 익숙한 골목을 혼자 쏘다니는 것
도시의 바다를 헤엄치는 플랑크톤의 잿빛 눈물을 마시며

모퉁이에 무심했던 나의 시선이 닫힌 문에 닿는 것
그곳에서 오래 술집을 꾸렸던 당신의 묘비명을 발견하는 것

빼곡한 글씨의 위로를 꼼꼼히 읽으며
간담이 내려앉은 나의 하늘,

밤새 제자리걸음을 걷고 또 걷고

마지막 파견

배낭을 지고 오르던 계단이 내려오고
붉어진 노을처럼 목구멍이 젖어오면
혼자는 삼각김밥을 먹으며
꿈꾸는 종이가 되기도 했다

저절로 기록되는 혼자의 이력서는
늦은 밤 편의점을 드나들며
비켜선 것들을 껴안았다

배를 타고 싶었던 혼자는
배를 만들다 배를 곯았다
못내 바다를 접고
대도시로 나가 빌딩의 차가운 **뼈**를 세웠다

안전화가 지켜주지 못했던 노역의 나날,
혼자는 다리를 다쳤지만,
재해에는 못 미쳤다
까다로운 산재의 기준이 발목을 잡았다

지상에 서른세 번 파견되었던 혼자는 끝내 빛을 실은 직선을 보지 못하고 계약을 종료했다

저녁 뉴스에선
꾸덕꾸덕 유화가 되어가는
점들의 흔적을 특수청소업체가 애써 지우고 있다

방바닥 깊이 뿌리 내린 얼룩들
쌓인 우편물 속 어두운 글씨를 들춰보며
태초에 빛은 없었다고 변명처럼 웅얼거리지

반짝이는 것들만 남은 11층

낮은 숨어 있기 좋은 시간, 민낯을 내밀어도 눈여겨보지 않는다
별과 경쟁하지 않아도 되니 한숨 돌릴 수 있다

반짝이는 것들만 남아 있는 11층, 유리창에 비친 당신의 두 눈동자도
촛불처럼 흔들리며 빛난다

희붐해지는 바깥을 닦으면 저절로 맑아지는 안,
지워지고 싶다면 중력을 거슬러 벽을 타고 오르면 돼

커다란 호주머니에 손을 감추고 다니던 아버지는 인쇄소 사장이 도망갔다고 울상을 지었다
손가락 두 마디를 바친 일터가 사라지자 우리의 먹을거리도 동이 났다
뒤적여도 잡히지 않는 허공의 새를 향해

총을 겨누거나 붕어빵을 구우려면 민첩한 손놀림이 필

요해

  풍경을 옮기기 위해서도 손가락의 도움이 있어야 하는데
  점점 작아지는 아버지의 창, 닳아지는 끝

  아버지가 책장을 넘길 때마다 몸속에 서늘한 돌이 굴러다녔고
  핏발 서린 언어들이 소란을 부렸다, 이윽고

  난이도 있는 기술을 선보여야 했다.
  아무도 주목하지 않는 무대에 잠시 바람이 스쳤고 그 순간 신이 우리 곁을 지나갔을지도 모르지

  꼭꼭 숨지 않아도 투명해지는 11층,
  보이지 않게 서서히 탯줄을 풀자 쑥부쟁이처럼 자라나는 손가락 두 마디

  선명해지는 낮이 뭉툭한 끝을 갈아낸다

바람의 소송

오랜 기다림에 골반이 틀어졌어요
다리를 꼬는 건 습관이 아닌
유예된 지루함을 알리는 행동이죠

꽃가루에 가려움증이 도지고
커피 한 잔에 심박수가 빨라져요
미세한 진동에 집이 무너질까 봐
그의 경로를 기록하죠

밥 타령을 하는 그를 위해
고양이 사료를 섞었어요
훌륭한 집사가 되려고 노력했지만,
성에 차지는 않았나 봐요
법전으로 할퀴는 건 목록에 없었어요

길을 안다고 한달음에 갈 수 있는 건 아니죠
지도가 있어도 눈 깜빡할 사이에 증거가 돼 버려요

최종심이 남았어요
달릴수록 기울어지는 그를 찾아
따개비의 시계를 따라가며
지난 시간을 소환하기로 해요

잴 수 없는 아래에 선을 긋고
나는 나를 안아주며
수평선을 넘어갈 작정이에요

위험한 근육

휘어진 다리가 기구를 올라갈 때
긴장을 푼 살들과
정상을 막아선 백발이 휘날린다

이름 없는 3층 석탑 같은 골격
근육은 하루하루 낱장이 되어간다
뭉치지 않기 위해
떼로 몰려다니는 법을 잃어버린 섬들처럼

중심을 잡으면 선명해지는 안이 있지
모난 승마살을 갈아내기 위해 단단한 폼롤러를 준비했어
무너지지 않으려면 승모근은 내려야 해

언젠가는 고아가 되는 밤을 위해
근육은 더 촘촘하게 낮을 살아내야 했어

노동을 운동이라고 믿었던 때가 있었다

노동을 떨치고 나온 사람들, 근육이 되려고
우르르 몰려오고 있어

실내의 마술사

겹겹이 주름이 잡힌 나날들
구부러진 선과 구겨진 면을 제대로 다리는 일이 일과이다

오르내리는 지루한 계단에서 밥이 태어나고
얼룩진 어제를 소매에 감춘 채 **뻣뻣해지는 안**을 다독이면
바닥이 매끈해진다

마법의 빗자루를 타고 공중을 날아가는 마녀는
이 바닥 출신일까

꽉 막힌 화장실을 뚫는 일은
허공의 빗장을 열어 반짝이는 창문을 얻는 것
냉기 서린 타일 벽에 피어나는 믹스커피의 온기
온 힘을 다해 걸레를 쥐어짜면 시클라멘도 질세라 꽃을 뒤집지

삶의 연장이 닳아버린 그녀의 연장

막내가 대학 갈 때까지만
온몸에 혓바늘이 돋아 눈만 내놓은
이슬람 여인처럼 환하게

진화하는 가족

보라도 자주도 아닌,
팥죽색을 뒤적이던 동짓날
아빠는 새알심 같은 그 여자의 딸을 호적에 올렸다
영화 보러 갈래? 라고 묻듯 조심스럽지 않았고
주일 미사 가야지! 하듯 단호한 말투였다
엄마한테 꼼짝 못 하던 아빠는
언제부터 달라졌을까

나는 그 여자가 낳은 딸에 밀려 콘크리트 바닥으로 떨어질 것만 같았다

그 시간 엄마는 수철이 집에서 화투를 쳤다
젊음이 남아돌아도 상대할 남정네가 없어
다들 팬티와 브래지어만 입고 담배를 피워댔다
동백꽃 잎 한 장씩 입술에 바른 아줌마들은
점수를 계산할 때면 쌍욕을 하며 닭처럼 싸우다가도
장바구니를 들고 어시장으로 향할 때면
조신하고 다소곳한 사모님으로 변신했다

이제 분리수거된 엄마는 소태같은 얼갈이김치를 담거나 대충 설거지를 해 동생한테 욕을 바가지로 먹으며 하루를 나고,
아빠는 그 여자의 살뜰한 보살핌을 받는 젠틀맨 할아버지가 되었다

팥죽을 먹는다는 건
팥죽 같은 가족을 먹는 것과도 같아
살갗이 벗겨지고 형체마저 사라져 한 그릇이 되지만
각각의 새알로 남아 파묻혀도 찾아낼 수 있지

숟가락 뒤적거리며 마침내 찾아낸 흠 없는 새알심 하나

바뀐 가족관계증명서에 적힌
만난 적 없는 아빠 딸의 이름처럼 낯설다

하늘 분양

방이 없다는 부동산 사장을 졸라
옥탑방에서 하늘을 분양받았죠
창을 넘는 햇살은 무허가
손끝에 박인 슬픔의 굳은살을 누르며
빛바랜 천장을 밀쳐내면

곱창 같은 골목 군데군데 시멘트를 덧댄 가난에 걸려
넘어질 뻔했지만

바람벽을 붙잡고
하루를 질끈 묶은 노을에 잊었던 약속이 생각났어요
얼마나 오랫동안 묵혀두었던 걸까요
아침저녁 커다란 창을 열고
거실에 수평선을 들이자고 했죠
창으로 넘어오는 파도 소리 들으며
잔잔한 물결처럼 살자던 그때

이미 어긋난 첫걸음이 시작된 거죠

얌전한 바다도 바람의 등쌀에 화를 내며
무엇이든 삼켜 버리잖아요
그렇게 휩쓸려 다니다
어느 순간 손을 놓아버린 거예요

그 끝을 잡고 나는 나를 말려요
잘려 나간 미래가 문틈으로 부풀어 올라요

명랑한 철학을 먹는 꿈

장미를 삼키고도 아무렇지 않게
광장을 활보하는 새들은
매운 씨를 뿌리지

냄새가 향기에 말을 거는 사이
공기주머니 속 부푼 상처가 소문도 없이 빠져나가지

이른 출발은 삭제되고 예정보다 빠른 도착
과도한 빛은 흥분을 부추겨 몸을 뒤틀지
검은 천으로 시린 눈을 가리지

잠시 맛본 매운맛은
저마다의 물과 양식이 되어 살게 하지

조심스레 발을 들어 봐 팡파르는 울리지 말고 잠든 정의가 명랑한 철학을 먹는 꿈을 꿀지도 몰라 넘어져 뒹굴어도 눈사람이 따뜻하게 안아줄 거야

새들은 술에 취해 가벼운 잠자리를 갖지
세상에서 가장 긴 다리를 건너지
세상에서 가장 높은 탑에 오르지

우스꽝스러운 노래를 목청껏 부르지
영원을 해로하지 매일 참신한 방식으로

차가운 언어로 낯선 하루가 시작되고

밤새 목을 조르던 그를 새벽빛으로 제압한다
바리케이드 옆으로 비스듬히
유연하게 몸을 놀려
거대한 감시의 성을 빠져나간다

누군가 토한 한숨과 잉여를 먹으며
배를 채우는
편의점 사랑 앞 하얀 갈매기
그의 악몽과 욕지거리와 불만으로
밤을 채우는

나는 전력을 다해 달리기 시작한다
편의점 사랑 모퉁이를 돌아
공사 중인 아파트 단지를 지나
얼어붙은 육교를 건너

마침내 머그잔 속으로 고개를 들이밀면
똑똑 떨어지는 뜨거운 것들

태블릿의 터치에 미끄러지는

차가운 언어로 낯선 하루가 시작된다

죄와 벌

노래가 끝난 뒤 그 사람은
국화꽃 저버린 가을 뜨락에 소녀를 불러들였어요
그 사람의 무릎 사이에 낀
소녀는 이러지도 저러지도 못하고 서 있었죠
더 바싹 소녀를 당겨 귓불을 간지럽히며
한참을 부드러운 목소리로 물었더랬죠
감미로운 악마의 음성에 소름이 돋았지만
고개를 숙인 채 소녀는 숫자를 세었어요
왜 노래를 다 못 외웠지?
아, 그기예
숙제를 안 해왔으니 벌을 받아야지?
그기 다 외았는데 억수로 떨려서예
그건 변명이야!
아입니더, 진짜라예, 떨려서 몬한기라예
그 사람은 소녀를 더욱더 가까이
그 사람의 은밀한 곳까지 당겼더랬죠
소녀는 눈을 질끈 감고
바깥쪽으로 몸을 빼기 위해 힘을 주고

그럴수록 그 사람은 무릎에 힘을 주고
바싹 조이며 쾌감에 전율했어요
그럴 때마다 소녀는 마음속으로 노래를 불렀죠
때로는 청소를 때로는 공납금을 때로는 심부름을 핑계로
그 사람은 소녀를 불러냈죠
더는 아는 노래가 없었던 소녀는 국화꽃처럼 졌어요
니는 선생도 뭣도 아이다, 니는 인간도 아이다
소녀의 목소리가 메아리가 되어 울려요

임대 문의

사는 데 더 이상 필요한 건 없어요, 당신만 있다면
뿌리부터 올라오는 촉촉한 느낌이 나를 숨 쉬게 해요.
살아있다는 건 젖어 있다는 것, 건조함은 나를 죽여요.
강마르지 않게, 바삭거리지 않게, 날 적셔 주세요.

한때 온 부위를 적시고 황홀케 만들었던 당신이
이제는 나를 말라 죽게 할 셈인가요.

임대 문의를 할까 해요
비어 있는 가게를 하나만 채워 볼까요, 건조하지 않게
모두가 망해가는 세상에서
성공 신화 하나쯤 탄생할 수도 있잖아요

저들이 힘차게 강을 거슬러 올라와요
끝까지 살아남아 완주의 환호를 부르는 연어들처럼
불어나는 통장 잔고에 가슴 벅찰 날이 오지 않을까요

사는 데 더 이상 필요한 건 없어요

난파선

푸른 등을 밀고 가는 멸치 떼를 보았다

껍질을 벗고 나오거나
알을 낳고 지키는 일,
소임을 다해야 주어지는 소멸을 위해
망둑어도 오징어도 사는 내내 분주했다

해저의 도서관에는 바코드가 없는 숨들이 돌아다녔다
아무도 읽지 않는 누군가의 신발이 녹슬고

하늬바람을 담은 숨비소리와
운동장을 가로지르던 뜨거운 호흡이
굳어져 화석이 될 때까지

누구에게도 들키지 않고
바닥을 지켜야 했다

작심

우리는 빨리 걷거나 느리게 걸었다
같은 사람
같은 길
다른 마음을 품고

모든 연인은 서로 다르게 이별을 꿈꾼다
오랜 가슴앓이 끝에 얻은 결실은
의뭉하고 달콤한 음모

운명일지도 몰라
그런 건 어떻게 알게 되는 걸까
이런 말을 나누는 순간조차
우리는 어떤 방식으로 이별할지 궁리한다

그만 끝내고 싶다
쩝쩝거리며 밥을 먹을 때
변기에 오물을 튀겼을 때
옷가지를 아무 데나 던져 놓을 때

거친 말을 할 때

안쓰럽고 사랑스럽던 너는 같은 사람일까
목소리는 소음으로 바뀌었어
다정한 마음이 뾰족해지고
사나워지고 있어

너의 펜트리에 시시껄렁한 것들이 쌓이고
언제부터인가 너는 분신처럼 이어폰을 꼈지
한 움큼씩 내가 나를 빠져나가
수챗구멍은 꽉 막혀버렸어

담배를 끊고
술을 끊고
그리고 너를 끊을 거야
새해가 되었으니까

콩벤투 두스 카푸슈스*

깊숙한 숲속에서 자라는 느린 슬픔
실수를 되풀이하고
생살을 찢으며

한다발 벗겨내고도
불어난 눈물의 더께

볕뉘에 비기어 작은 창 하나 내어주고
낮게 드리운 천장 아래
몸을 바짝 구부리고

십자가 앞세워 가는
죽음의 페스티벌

문지기는 얼마 전 수도원을 떠났다

무더위와 추위와 고통을 차단한
코르크 수도원에서 북적이던 고요가

한 번도 꺼내보지 않았던 사랑을
날카롭게 깎아내며
밀실을 만들었지

뜨거운 침묵의 기도
새벽종 앞서 걷는다

---

* Convento dos Capuchos 포르투갈어로 '카푸친 수도회의 수도원'이라는 뜻이다. '코르크 수도원'으로 더 알려져 있다.

4부
사랑을 나누는 건 유토피아의 성 바깥에서
벌어지는 일입니다

마고 뒷산

마고 뒷산은 늘 아이들을 기다렸다
여기저기 동그마니 무덤을 만들어놓고,
죽은 자와 산 자가 어울리는 놀이마당을 꿈꾸었지
두두두두 무덤에 오른 아이들이 승리감에 취해 있을 때
무덤은 영웅이 포효하는 산봉우리가 되었고,
배낭에서 김밥을 꺼내 올려놓으면
금세 소박한 밥상이 되었다
소년과 소녀가 속삭이며 기댈 때
무덤은 세상에서 가장 낭만적인 벤치가 되었고,
곤한 몸을 누이면 졸음이 밀려드는 아늑한 침대가 되었다
얕은 꿈이 잠이 되고
두터운 이별이 만남이 되는 그런 곳이었다
누구에게나 뒷산은
그곳에도 지금쯤 눈발이 흩날릴까
아파트와 빌딩이 들어선 뒷산에
이제 망각의 도시, 그 일부가 된 뒷산에
경적이 떠돌까, 유령처럼

시인

경계선상의 그녀를 기억할는지
자정, 그 끝과 시작의 경계에서
숱한 생각의 그림자를 키워내면서*
그녀는 새로운 시작을 꿈꾸었을지도 모른다

사랑과 이별이 그려내는 곡선이나
삶과 죽음을 가로지르는 직선을
유유히 넘나들며
그녀는 창작의 혼을 홀로 불태웠을지도 모른다

파랑 이는 하루가
흔해 빠진 일상이기에
죽고자 하면서도 살고
이별하면서도 조우하며
그녀는 뜨겁게 희망을 불태웠을 것이다

희뿌연 안개 같은 내일을 안고 살면서
넌더리 쳐도 포기하지 않던 꿈

노을을 떠나보낸 뒤에야 비로소
갯벌에 집 한 칸 지었다

살기 위해 생각의 그림자를 키우다
어이없이 지워지는

그녀는 모질게 스멀대는
경계를 안고 살았다

* 고행숙의 시 「자정, 그 끝과 시작의 흐름으로」에서 인용하였다.

희망의 레시피는 몰라도

인스타에도 유튜브에도 없는
의왕시 삼동 유명한 손칼국수 집
철도대학 사람들은 다 안다지
롯데나 현대 사람들도 일찌감치 예약하고 줄 서서 기다리는
열 평 남짓한 찐 맛집

중국산 김치는 안 쓴다며 부부는 부산을 떤다
배달 앱은 필요 없어! 호기롭게 길을 나서는 오토바이
수십 번 시급을 껐다 켜며 낙원을 유랑한다

무를 썰 듯 무심하고 투박한 말투는 받아들이기 나름
반짝이는 별에 점 하나 찍는 것 따위에는 관심도 없지
수만 가지의 입자 고운 생각들을 하나로 뭉쳐 단순하게 만드는 거야
여러 갈래 길을 내며 걸어가는 건 각자의 몫

희망의 레시피는 몰라도 그저 나무처럼 한 곳에 뿌리

를 박고 국수 가닥을 길게 내려뜨리며 살아가지

 김이 서린 식당 안 창문에 찍힌 꽃잎의 계절을 넘길 수 있을까
 꽃밥의 문이 화들짝 열릴 때까지

부도난 달

 서늘한 솔기를 호아 다가올 날들을 박으며 자정을 넘어 새벽으로 가는 시간, 소리 없는 통증이 허리를 지나 무릎까지 퍼지고 떨어진 꽃잎 위로 지난한 시간이 떠올라도 여자는 일정한 간격으로 땀을 이었다 부도난 달이 아버지를 굽어보다 바람난 별을 따라나설 때 불면의 시간을 보낸 말들이 상념의 마구간을 뛰쳐나와 우르르 평원으로 쏟아졌다 메밀꽃이 하얀 이를 드러내며 생애를 응원하고 침울한 바늘에 찔려 붉게 물든 꽃송이들, 살다 보면 한 번씩 붉어져야 할 때가 있는 법이다 말들의 질주가 더욱 거칠어지고, 꽃들의 탄성이 절정에 달하면, 후림불에 정신이 홀린 손끝에서 길을 잃고 떨어지는 바늘 하나 시작과 끝의 능선에 여자의 안장이 놓인다

남겨진 문장

별이 보이지 않는다고
사라진 것은 아니다
다만 우리가 보지 못할 뿐
우거진 도시의 빌딩 숲에 갇혀
절제된 리듬으로 금속판을 두드리는
너를 찾기 위해
검은 구름 아래 얼굴을 들이밀며
밤새 두리번거렸다
오후 산책길에 만난 버즘나무도
커다란 잎을 떨구며 흐느끼고 있었다
이제는 그만 날 선 글을 멈추고
호흡을 가다듬어 눈을 맞추자
도시의 가장 외딴섬이 되어
모질게 부는 외풍을 맞으며
깜부기불 쬐는 그대 앞에 있으니
남은 문장이 낮게 내려와 꽂힌다

이별은 삼키기 어려운 알약 같은 말

하나의 세상을 깨뜨리고 마주한 주위는
온통 반짝이고 있었습니다
투명한 이슬을 머금은 초록의 미소 아래
한 걸음을 내디디고 같은 신호를 교환하며
살아가는 법을 배웠습니다
따듯한 둥지를 떠나 어른이 되었고
한가로이 물가를 거닐다가
때로는 간절한 기도를 안은 채
종탑에 올랐습니다
바람이 세차게 불고 달이 기울면
어디선가 날아온 동료들과
저마다 각도와 위치를 확인하며
목적지를 향해 줄지어 날았습니다
바람이 잦아들자 어디선가
나지막이 이름을 부르는 소리가 들려옵니다
낯선 곳으로의 비행을 위해
깃털을 가다듬어야 할 시간
이별은 여전히 삼키기 어려운 알약 같아서

이젠 희망의 시를 쓰며 빛나려 합니다
그곳에는 어떤 세상이 펼쳐질까요
나의 마지막은 고독하지만 정연할 것입니다
미미한 흔적도 잔향은 오래 머물 것입니다
하나의 생은 하나의 죽음에 닿아 완성되는 것
드디어 별을 향한
길고 긴 여정이 시작되었습니다

검붉은 그녀들

 토요일 오후, 밀가루 반죽 같은 버스가 시장통에 소녀를 내려놓지 아내가 야반도주해 막걸리에 절어 사는 박씨의 철물점을 지나 단물이 한창인 신혼부부네 과일 가게를 돌면 쌀이 수북한 싸전이 나타나 소녀는 밤마다 방 안에 백합을 채워놓고 꽃가루를 만들며 죽음을 습작하는 중이야 지구의 언어를 잃어가는 소녀는 자신에게 꽂히는 불편한 눈길을 주문하지 싸전 주인 수남 씨는 작은 부뚜막 한 대접에 식용유 한 숟갈과 소금 한 자밤을 넣고 서둘러 반죽을 치대기 시작해 널뛰던 그녀의 청춘 리듬은 일정한 편이야 은테 안경 속 예리한 눈빛의 소녀를 위해 수제비를 끓이는 수남 씨 헛된 꿈처럼 수제비가 둥실 떠오르면 섞박지와 고구마 줄기 김치를 담아 작은 상을 차려 같은 핏줄이라도 날 선 콧날이나 툭 튀어나온 앞이마, 오목한 입술 그 어디에도 비슷한 구석은 보이지 않아 수남 씨는 교육을 받았더라면 소녀처럼 지적으로 보였을지도 모른다고 생각해 그 냥반이 글을 쪼까 썼는디 그라다 가막소살이를 허게 됐재 대야지 시누가 집도 빼사불고 거적때기 줌서 우덜 허청에 살라 그라드만 한 번 부하가 치올라오믄 인나서 오줌을 싸 갈기분당께 임병, 참말로 가관인디 무서운께 지대로 치다보들 못혔어 니 어매가 십리를 물지게 지나르고 고모 자속들 업어 키움서 식모살이 한겨 오물거리며 수제비를 먹는 소녀를 보며 수남 씨는 시시껄렁한 이야기를 늘어놓지 수남 씨의 사연을 삼키던 소녀는 명치 끝에 통증을 느껴 손톱 밑 연약한 살에 수남 씨가 바늘을 꽂자 또르르 검붉은 그녀들이 맺혀

밀양역

이번 역에서 돌아갈까 했어
투명하게 맺힌 그것이
어찌 저리도 아름다운지
빗물 뒤로 보이는 희미한 너의 흔적
아프게 바라보려고 했어

이번 역도 다음 역도 또 다음 역 기차는 너의 미련을 안고 달려만 가는데

아침저녁 너를 바라보는
한결같은 일상이 아니어도
가끔 찾아왔다 떠나가는
먼먼 나라의 기차라도 되었으면 해

잠시라도 꿈같은 시간을 보내다가
흐느끼지도 않고 그만 뒤돌아설 수 있도록
오아시스로 남아줘
모래바람 휘날리는 사막에

저마다의 집

 바위를 수차례 내리쳐 기절한 물고기는 구애의 표식입니다 험하고 두려운 일도 그를 위해서라면 기꺼이 할 수 있어요 놀리듯 달아나는 그를 향하여 지고지순의 멸망을 드립니다 머리부터 천천히 먹어야 해요

 흙 벼랑에 열흘 동안 굴을 팠어요
 둥지의 입구가 붉게 물들고 입술은 까졌지만
 은밀한 탐색 끝에 서로를 흡입하는 기쁨은 지난한 시간의 보상입니다

 몸을 뒤틀며 목을 감싸고 온몸으로 홰를 치며 숲에서 하늘에서 몸을 섞어요
 빚은 많아도 달콤한 신혼집이 있잖아요

4월에 내리는 눈

딱딱한 귀퉁이가 끝나기 전
강마른 너의 얼굴
잠시 만져 볼 수 있다면

숭숭한 손등
버석거리는 머리칼
한 번 입 맞출 수 있다면

한 시절 나약하게 버티던
둔한 기다림 끝
강인한 생명들이 오고 있는데

너의 구들장을 덥히는
낯선 이의 온기에
바닥으로 바닥으로 추락할지라도

귀퉁이를 돌기 전 달려가
너의 온몸을 뒤덮는 하얀 버짐으로

다시 피어나고 싶은 것을

눈꽃

괜찮아, 그따위는 상관없어
무심한 표정으로 동공을 가라앉힌다
사소한 눈짓에도 땅이 내려앉는
침묵에서 벗어나려던
오랜 겨울잠에서 깨려던
천형처럼 가려움이 스멀거리며 올라오던

구멍 난 모든 곳이 근질거리고
슬프지도 않은데 눈머리가 당겨 어쩔 수 없이 울어야 했던
그런 무수한 날이 떠올라 억울했던
까맣게 멀어지던
낯설고 오래된 일기 속 글자들

어느 산길 스치며 지나던 노루처럼
꿰뚫어 보던 눈동자를 남기고
적도에서 들려오던 피리 소리
이슬 머금은 눈꽃이 떨어지는

하얗고 긴 울음꽃이 저무는
강가에서

이름 없는 욕망

길은
진창을 디뎌 만들어지는 게 아니라
길은
본디 마음을 디뎌 완성된다

제 가슴을 도려내고
살을 갈라 피를 바르며
겨우 마련한 붉은 숲길 한 자락

가는 길 비밀스러운 옛일 숨기고
원망스러운 사람들 죄다 파묻어도
그리 흠 잡히지 않으련만

거미줄 사이사이 빛나는 햇살에 고개 숙인 채
구름 따라 저절로 흘러가는 붉은 길

언젠가 잠시 머물던 별 떠나더라도
오늘 나의 숨소리, 땀 내음

가끔은 기억해주겠지
우리 이름 없는 욕망마저도
저 끝없는 숲길에서
펼치던 한낮
서서히 저물어가겠지

가장 뜨거워질 때, 별은 태어난다

보잘것없는 나는 누구에게 가장 뜨거울까
보잘것없는 것들이 가장 뜨거워질 때 별은 태어난다

수십억 년을 타다 사라질까
사라져 다시 뜨거워질 너를 찾아 배회할까
투명한 공기에 실린 호흡의 리듬과
어둠을 지키는 눈동자를
나는 알지 못한다

빽빽한 대숲에서 잠시 출렁이던 햇살이나
생을 온전히 밀고 가는 자벌레의 꿈틀거림도
나는 보지 못한다

날카로운 손톱으로 우주의 허파를 후벼 파며
시간의 다른 층계에 살고 있는 너를 향해
질주하는,
흔한 폭발이다

외로움의 소리

 외로움에는 소리가 없어요 머리를 쓸어 올리거나 눈썹을 깜빡이는 것처럼 외로움의 소리를 찾기 위해 여자는 해변을 걸었어요 아이들은 갈매기의 노래가 끝날 때까지 각기 다른 음색으로 웃음을 터뜨리며 소멸의 성을 쌓았고 슬퍼질 때마다 노을을 보는 여자의 서른여섯 번째 해가 지고 있었어요 모든 것이 어둠에 잠길 무렵 허기가 밀물처럼 밀려왔고 어디선가 별똥별 하나가 톡 떨어졌어요 여자는 재빨리 그것을 주워 한 입 베물었어요 바사삭 그제야 외로움이 고소한 소리를 내는 거예요

석양을 보기 위해서 콘스탄티노플까지 갈 필요는 없습니다*

상상만으로 어딘가에 이를 수 있을까요
이를테면 테주강 같은
그곳은 꼭 가봐야 할 것 같은데요
어디가 강이고 어디가 바다인지 알 수 없는 리스본의
테주에는 석양이 보석처럼 내려앉습니다

쓸쓸해서 울고 싶은데요
분위기 깨는 당신의 동행은 사양하겠어요

상상만으로 누군가가 될 수 있을까요
여러 개의 헤테로님을 만들어 경쟁하고 논쟁을 벌이는
건 우리의 싸움과는 차원이 다를 거예요

사랑을 나누는 건 유토피아의 성 바깥에서 벌어지는
일입니다.
알코올 없는 칵테일에
말 없는 눈빛에
멋지게 속아 넘어간

연극을 했다고 했던가요
허투루 들었는데 그게 왜 지금에야 기억이 날까요
당신의 연기력과 바쁜 우주, 게으른 신 덕분이죠
당신 안에는 얼마나 많은 당신들이 있을까요

내 안에는 내가 없어요
붉은 함초가 피어 있는 소금밭에서
나를 봤다는 소문만 무성합니다

* 페소아의 『불안의 서』에 나오는 문장이다.

| 가곡 |

마음이 길을 내니

작곡 정지영
작시 홍숙영

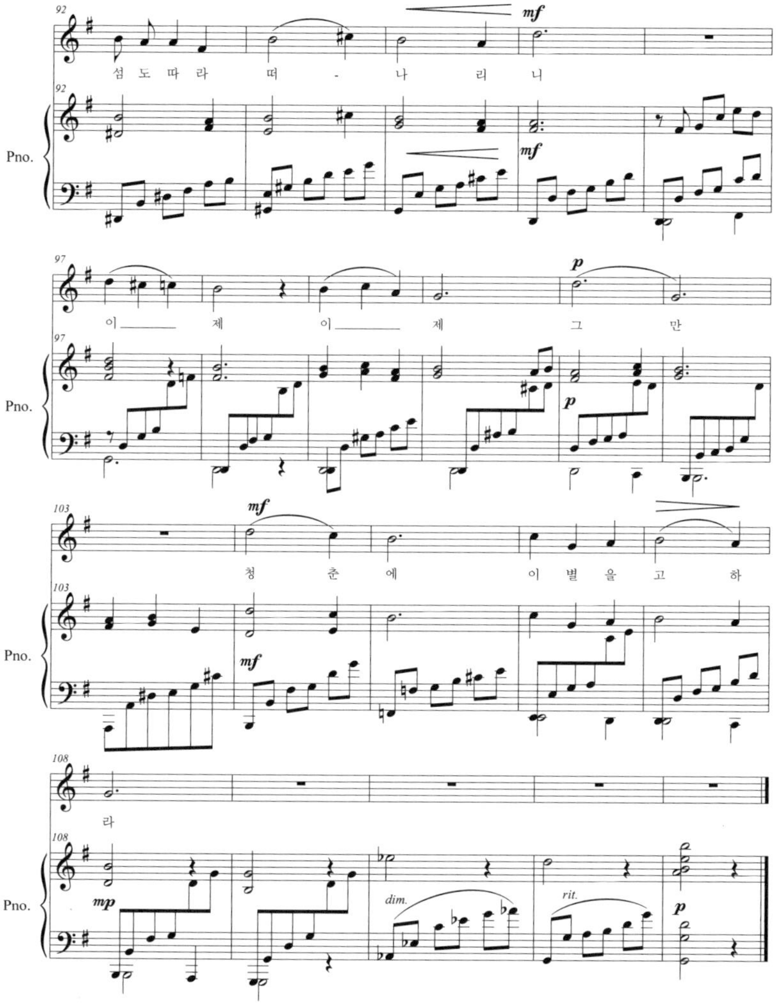
92
mf
섬 도 따 라 떠 - 나 리 니
Pno.
97
p
이 제 이 제 그 만
103
mf
청 춘 에 이 별 을 고 하
108
라
mp
dim.
rit.
p

| 부치는 글 |

나의 시, 나의 헤테로토피아

홍숙영

떠돌다

정주는 나와 거리가 먼 단어입니다. 대구에서 태어나 서울에서 다섯 살까지 살았고, 다시 대구 효목동에서 초등학교 1학년 초반까지 살았습니다. 지금은 이름이 사라진 마산과 삼천포에서도 산 적이 있습니다. 수원에서 프랑스의 이브리 쉬르 센느, 불로뉴, 미국의 그린빌이라는 마을에 이르기까지 짧게는 10개월에서 길게는 12년까지 떠돌아다니는 삶이었습니다. 그 과정에서 여러 만남과 이별이 있었고, 낯설고도 소중한 경험이 있었습니다.

그래서 나의 문학도 정착하지 못하나 봅니다. 하나의 문학 장르를 제대로 하기도 벅찬데, 소설을 쓰고 시도 씁니다. 한때 소설에 집중하기 위해 시를 쓰지 않겠다고 마음먹은 적이 있었습니다. 그렇지만, 늘 시를 읽었고, 읽다 보니 다시 쓰고 싶은 마음이 들었습니다. 사막과 코르크 수도원과 고래상어의 이빨 사이를 마구 휘젓고 다니는, 어디로 튈지 모르는 노마드의 시를 쓰고 싶었습니다. 그렇게 시 같은 소설과 소설 같은 시를 쓰며, "부유하는" 작가의 삶을 살고 싶었습니다.

>당신의 유영이 일으키는 파동의 질감
>정주할 수 없는 마음의 바퀴를 굴리며
>어떤 세계를 얼마나 돌아다녔을까요
>
>플랑크톤으로 부유하는 나는
>당신의 집밥이 될 거예요
>3만 개의 이빨 가운데 알 수 없는 사이에 끼어
>당신이라는 헤테로토피아에 머물 수 있을까요
>
>별을 반으로 접어 배를 만들었습니다.
>천천히 느릿느릿 당신의 미세한 사이가 되어
>언젠가 우리는 우주에 도달할 겁니다
>─「고래상어, 나의 헤테로토피아에게」 부분

기억하다

나는 사회 문제에 관심이 많습니다. 그러나 그런 문제에 즉각적으로 반응하기보다는 긴 시간 되짚어 보고, 한 편의 시에 담고자 했습니다. 그렇게 나만의 방식으로 오래 기억하고 싶었습니다. 배를 만들던 이와, 통닭을 굽던 소상공인과, 거리와 빌딩을 청소하는 이들을 자세히 들여다보았습니다. "인플루언서, 사진가, 패션 디자이너, 페미니스트, 평범한 직장인을 꿈꾸"다 이태원에서 마지막을 맞이했던 "채림, 수진, 보성, 경훈, 아파그"를 화석처럼 남겨 두기 위해 시를 썼습니다.

　　이름도 얼굴도 죽음도 남지 않은 좁고 가파른 골목길
　　램프의 정령을 불러 환하게 불을 밝혔습니다
　　파장이 일렁이자 세계의 중심에도 균열이 생겼어요

　　그들은 눈물을 금지하는 법을 만들었습니다
　　제주도나 피피, 어쩌면 토두섬에서 그림같이 살고 싶었던,
　　인플루언서, 사진가, 패션 디자이너, 페미니스트, 평범한 직장인을 꿈꾸었던,
　　채림, 수진, 보성, 경훈, 아파그 그리고
　　크고 작은 숨결들의 관문은 폐쇄당했습니다
　　　　―「그때까지 자스민, 흩어지지 말아요」 부분

인쇄소에서 일하던 "아버지"는 "손가락 두 마디"를 일터에 바치고, 다시 일거리를 찾아 헤맵니다. 겨우 찾은 일거리는 고층 건물의 유리창 청소. "난이도 있는 기술"을 선보여야 하는 위험천만한 일자리지만, 아무도 "눈여겨보지" 않고, 아무도 "주목하지 않는" 11층에서 그는 그만 삐끗하고 맙니다. 항상 커다란 호주머니가 달린 옷을 입고, 책을 좋아하던 그는 여전히 11층에서 반짝이고 있을까요?

낮은 숨어 있기 좋은 시간, 민낯을 내밀어도 눈여겨보지 않는다
별과 경쟁하지 않아도 되니 한숨 돌릴 수 있다

반짝이는 것들만 남아 있는 11층, 유리창에 비친 당신의 두 눈동자도
촛불처럼 흔들리며 빛난다

희붐해지는 바깥을 닦으면 저절로 맑아지는 안,
지워지고 싶다면 중력을 거슬러 벽을 타고 오르면 돼

커다란 호주머니에 손을 감추고 다니던 아버지는 인쇄소 사장이 도망갔다고 울상을 지었다
손가락 두 마디를 바친 일터가 사라지자 우리의 먹을거리도 동이 났다

뒤적여도 잡히지 않는 허공의 새를 향해

총을 겨누거나 붕어빵을 구우려면 민첩한 손놀림이 필요해
풍경을 옮기기 위해서도 손가락의 도움이 있어야 하는데
점점 작아지는 아버지의 창, 닳아지는 끝

아버지가 책장을 넘길 때마다 몸속에 서늘한 돌이 굴러다녔고
핏발 서린 언어들이 소란을 부렸다. 이윽고

난이도 있는 기술을 선보여야 했다.
아무도 주목하지 않는 무대에 잠시 바람이 스쳤고 그 순간 신이 우리 곁을 지나갔을지도 모르지

꼭꼭 숨지 않아도 투명해지는 11층,
보이지 않게 서서히 탯줄을 풀자 쑥부쟁이처럼 자라나는 손가락 두 마디

선명해지는 낮이 뭉툭한 끝을 갈아낸다
　　　　　　　　　－「반짝이는 것들만 남은 11층」 전문

시니컬하다

요즘 세상에 진정한 만남과 사랑이 있는지 궁금합니다. 비슷한 이유로 시작해서 비슷한 이유로 끝나는 "연애의 패턴은 매번 비슷"하고, "앱에서 기본으로 제공하는 템플릿"과 닮아 있습니다.

> 연애의 패턴은 매번 비슷해서
> 사실 새로운 것도 없어서
> 앱에서 기본으로 제공하는 템플릿 같아서
> 다시는 숫자를 세지 않으려고
> ―「스물다섯 번째 조각」부분

물질주의, 이해관계의 충돌, 인내심의 부족 등 여러 이유가 있을 것입니다. 연애는 과거의 물건들과 기억을 남깁니다. 흔적을 파는 건 이제 흔한 일이 되었습니다. 시간까지 팔 수 있다면 얼마나 좋을까요?

> 이별의 값은 반액으로 계산되지만
> 그가 선물한 로에베 핑크 & 옐로우 반지갑은
> 흠집이 없어
> 꽤 괜찮은 값으로 넘길 수 있었죠
> 지금 생각해 보니, 포장도 뜯지 말 걸 그랬어요

브랜드도 색깔도 내 취향은 아니었거든요
　　그런데,
　　그 사람도 내가 사준 샤넬 블루 드 맨 오드 뚜왈렛을 좋아했을까요?
　　쓰다 남은 시간도 팔 수 있나요?

　　　　　　　　　　　　　　　　　－「네고 불가」 부분

　연인들은 "투자 대비, 리턴"이 적고 "소모적"이며 "시너지"가 나지 않는 연애가 답답하기만 합니다. 그래서 "연애는 사치"에 불과하고 결국 이별을 선택합니다.

　　투자 대비, 리턴이 적다는 것
　　이 연애가 소모적이라는 것
　　서로 시너지가 나지 않는다는 것

　　덕분에 새로운 경험도 했고,
　　가끔은 행복한 순간도 있었지만,
　　만날수록 내가 뭘 원하는지 확실히 알게 됐어

　　나는 뛰고, 단백질 셰이크를 마시고, 닭가슴살을 씹으며 몸을 만들어
　　네가 좋아하는 달콤한 음료나 케이크는 내게 맞지 않아
　　너와 나는 다리 길이가 달라

천천히 뛰어야 했지

언제까지고 너를 기다려 줄 수는 없어
말했잖아, 나는 혼자가 편하다고
하고 싶은 일, 해야 할 일
알잖아, 연애는 사치라는 것
우리는 식습관, 수면 방식, 꿈꾸는 것도 모두 다른걸
나는 마음껏 달릴 거야, 강변을, 호수공원을, 도시를
그러니 원나잇이면 충분해
　　－「바르셀로나로 가족 여행 다녀올 때까지만」 부분

그래도

　우리는 기다립니다. "무더위와 추위와 고통을 차단한" 채 기도와 묵상으로 살아가는 "코르크 수도원"의 수도자처럼 각자의 방식으로 세상을 살아내면서 "한 번도 꺼내보지 않았던 사랑"을 기다리고 있습니다.

　　무더위와 추위와 고통을 차단한
　　코르크 수도원에서 북적이던 고요가

　　한 번도 꺼내보지 않았던 사랑을

날카롭게 깎아내며
밀실을 만들었지
                    ─「콩벤투 두스 카푸슈스」 부분

"아직 쓸만한 왼쪽이 남아" 있기에 "꼿꼿하게" 걸음을 내디디며, 상처 내고 후벼 파는 사랑이 아니라 "감당할 수 있는" 사랑이 다가오기를 간절히 바랍니다.

저마다 지갑에 감당할 수 있을 만큼 지폐를 챙겨 넣듯
심장도 버틸 수 있는 상대를 만나야 했어요

시작과 중간의 한 켤레를 챙겨 신고 꼿꼿하게 걸어요
오랜 관계를 청산한,
아직 쓸 만한 왼쪽이 남아 있잖아요
            ─「아직 쓸 만한 왼쪽이 남아 있잖아요」 부분

"하나의 생은 하나의 죽음에 닿아 완성"되기에 거스러미처럼 희망이 돋기를 바라며 삶을 아름답게 매듭지을 수 있도록 정성을 다해야 합니다.

낯선 곳으로의 비행을 위해
깃털을 가다듬어야 할 시간
이별은 여전히 삼키기 어려운 알약 같아서

이젠 희망의 시를 쓰며 빛나려 합니다
그곳에는 어떤 세상이 펼쳐질까요
나의 마지막은 고독하지만 정연할 것입니다
미미한 흔적도 잔향은 오래 머물 것입니다
하나의 생은 하나의 죽음에 닿아 완성되는 것
- 「이별은 삼키기 어려운 알약 같은 말」 부분

지금, 당신의 호주머니에는 반짝이는 시 한 구절이 들어 있나요?

시인수첩 시인선 098

반짝이는 것들만 남은 11층

ⓒ 홍숙영, 2025

초판 1쇄 인쇄 2025년 7월 7일
초판 1쇄 발행 2025년 7월 15일

지은이 | 홍숙영
발행인 | 이인철

펴낸곳 | (주)여우난골
주 소 | 서울특별시 강남구 언주로30길 27. 606호 (도곡동 우성리빙텔)
전 화 | 02-572-9898
팩 스 | 0504-981-9898
등 록 | 2020년 11월 19일 제2020-000328호

블로그 | blog.naver.com/seenote
이메일 | poetmemo@naver.com
홈페이지 | www.nobelk.com

ISBN 979-11-92651-38-5 03810

* 파본은 구매처에서 바꾸어 드립니다.